Learn Norwegian
Bilingual Book
Norwegian - English
The Life of Cleopatra

Redback Books

cleopatra@redback-books.com

The Life of Cleopatra

New Redback Bilingual Books: The Life of Cleopatra

Our new brand of books with short stories and bilingual translations offers readers with different levels of Norwegian the pleasure of learning a language while increasing their general knowledge in the process. The text is written in two different languages, Norwegian and English. The Norwegian sentence appears above the English sentence in classic bilingual text.

Our unique story telling is inspired by historic characters and written in modern language, bringing them closer to our times and lives. We bring history to life, while keeping to the facts, making it more entertaining for you without the long hours of studying dry texts. Adding a twist to the story, The Life of Cleopatra is told from 4 different perspectives. Readers of all ages can enjoy our books.

Other Redback Bilingual Books:

The Adventures of Julius Caesar
The Starry Night

Livet til Kleopatra
The Life of Cleopatra

Veien til Julius Caesar sin leir var røff og full av hull.
The road to Julius Caesar's camp was rough and full of potholes.

Jeg spratt rundt bak i vognen som en sekk med stoff.
I was bouncing around in the back of the wagon like a bag full of rags.

Hvordan i all verden kunne dronningen av Egypt, hersker av den mest avanserte sivilisasjonen i vår tid, finne seg i en slik situasjon?
How in the world could the Queen of Egypt, ruler of the most advanced civilisation of our times, find herself in such a fix?

Her var jeg, innrullet i et persisk teppe, tettpakket mellom sekker med hvete, en kasse grønnsaker og et dusin bur med kaklende høner.
Here I was, wrapped up in a Persian rug, packed in tightly between bags of grain, a crate of vegetables and a dozen cages of cackling hens.

Nøyaktig hvordan kom det seg slik?
How exactly had it come to this?

Jeg lukket øynene mine for en stund og lot tankene drive tilbake til bedre tider.
I closed my eyes for a moment and let my mind drift back to better times.

Gjennom det åpne vinduet på rommet mitt kunne jeg se den vakre byen Alexandria i all dens vakre herlighet.
Through the open window of my room I could see the beautiful city of Alexandria in all its splendid glory.

Forbi byen og ut til havs, et høyt fyrtårn på øyen Pharo ledet de mange skipene som kom inn i havnen.
Beyond the city and out to sea a tall lighthouse on the island of Pharo guided the many ships that entered our harbour.

Fyrtårnet var laget av hvit marmor.
The lighthouse was made of white marble.

Den var en hundred og femti meter høy.
It was one hundred and fifty meters high.

Seilere hevdet de kunne se den stående der fra femti kilometers avstand.
Sailors claimed they could see it standing there from fifty kilometres away.

Synet av denne flotte byen med dens brede aveny og flotte bygninger tok pusten min vekk.
The view of this great city with its wide avenues and grand buildings took my breath away.

Dette var byen som Alexander den Store hadde bygget og nå var den min!
This was the city that Alexander the Great had built and now it was mine!

Jeg måtte klype meg selv i et øyeblikk bare til a klarne hodet mitt.
I had to pinch myself for a moment just to clear my head.

Alt hadde skjedd så raskt og nå på en alder av bare atten år hadde jeg blitt dronning, den store Farao av Egypt.
It had happened all so quickly and now at only eighteen years of age, I had become the Queen, the great Pharaoh of Egypt.

Plutselig ble tankene mine forstyrret av lyden av bevegelser ved døren på rommet mitt.

Suddenly my thoughts were interrupted by the sound of movement at the door of my room.

Tjenerne mine hadde kommet.
My servants had arrived.

De var her for å kle meg i mine nye plagg som erkjenner min farao-status.
They were here to dress me in my new garments befitting my Pharaoh status.

Når jeg la merke til noe lysfarget stoff i klesartiklene, minnet tjenestepikene meg raskt på min nye stillling.
When I noticed brightly coloured fabric among the clothing items, the servant girls quickly reminded me of my new position.

«Bare vanlige kvinner bruker hvitt, min dronning. Du skal ha på deg en chiton, i det fineste av gresk lin, brodert på kantene og farget i lyse levende farger. Kjolen din vil bli strammet in ved midjen med et belte laget av lær og utsmykket med juveler».
"Only common women wear white, my Queen. You will be wearing a chiton, in the finest of Greek linens, embroidered on its edges and dyed in bright vibrant colours. Your dress will be pulled in at the waist with a belt made from leather and studded with jewels".

Den lyse chitonen var en sydd kjole.
The bright chiton was a stitched dress.

Den var mer formell en togaene brukt av begge tjenerne mine.
It was more formal than the togas worn by both my servants.

Togaene var enkelt viklet rundt kroppene deres og knyttet ved skulderen.
The togas simply wrapped around their bodies and tied at the shoulder.

Den unge jenten som snakket stoppet plutselig, bøyde seg litt og bakket opp noen steg ut av respekt til hennes dronning.
The young girl who had been talking suddenly stopped, bowed slightly and backed up a few steps out of respect to her Queen.

«Tilgi meg, min høyhet, for all skravlingen min», sa hun.
"Forgive me, my Highness, for all my chatter," she said.

Hennes navn var Tibby.
Her name was Tibby.

Vi hadde vært bestevenner siden vi var småjenter.
We had been best friends since we were little girls.

Men nå, med min plutselig nye status, hadde vårt vennskap blitt mye mer formell.
But now, with my sudden new status, our friendship had become much more formal.

Jeg savnet de gamle dagene da vi kunne le, løpe og fnise uten noen bekymringer.
I missed the old days when we could laugh, run and giggle without any worries.

Jeg husket hvordan vi pleide å erte slavegutten som var min personlig smaker.
I remembered how we used to tease the slave boy who was my personal taster.

Det var hans jobb å spise biter av maten min før jeg gjorde det, til å være sikker at den ikke var forgiftet.
It was his job to eat bits of my food before I did, to make sure that it wasn't poisoned.

Han var en veldig søt gutt.
He was a very cute boy.

Tibby pleide å si at smakeren av maten min var ganske nydelig selv!
Tibby used to say that the taster of my food was quite delicious himself!

Noen ganger, når han kom inn, kollapset vi i et anfall av latter.
Sometimes, when he would enter, we would break down in a fit of laughter.

Etter Tibby og den andre jenten dro vendte jeg mine tanker til min nye stilling.
After Tibby and the other girl left I turned my thoughts to my new position.

Livet var ikke lenger fylt med lange ettermiddags-melkebad mens utstrakt i et luksuriøst marmorkar.
Life was no longer filled with long afternoon milk baths while stretched out in a luxurious marble tub.

Å flørte med kjekke smakergutter var kjempemorsomt men nå…
Flirting with yummy taster boys was great fun but now…

Jeg hadde arvet tronen fra min far, Ptolemy XII.
I had inherited the throne from my father, Ptolemy XII.

Jeg var knapt en tenåring og, som om jeg ikke hadde nok å bekymre meg om, jeg hadde blitt gitt den store jobben å styre landet mitt.
I was barely a teenager and, as if I didn't already have enough to worry about, I had been given the big job of ruling my country.

Enda verre, jeg måtte gjøre det med hjelp fra min ti år gammel bror!
Even worse, I had to do it with the help of my ten year old brother!

Hans navn var Ptolemy XIII.

His name was Ptolemy XIII.

La meg gjøre det helt klart fra begynnelsen av at vi to kom ikke godt overens selv om det var forventet av oss å virke som vi gjorde det.
Let me make it perfectly clear from the start that the two of us did not get along although we were expected to appear like we did.

Sannheten er at bare synet av ham fikk huden min til å krype.
The truth is the very sight of him made my skin crawl.

Jeg vet ikke hvor mange gange jeg tok ham på rommet mitt mens han gikk gjennom tingene mine.
I don't know how many times I caught him in my room going through my things.

«Kom deg ut av rommet mitt, Ptolemy!», var det jeg skrek.
"Get out of my room, Ptolemy!" I'd scream.

Så...nå hadde broren min blitt ett enda større problem.
So ... now my brother had become an even bigger problem.

Han var ikke lenger bare min bror, 'plagen'.
He no longer was simply my brother, "the nuisance".

Ptolemy ville nå ha den jobben vi delte, helt til ham selv.
Ptolemy now wanted the job we shared, all to himself.

Jeg mistenkte at hans slemme foresatte sto bak denne dårlige ideen.
I suspected his mean guardians were behind this bad idea.

Denne nye trusselen var seriøs og Ptolemy hadde hans egen hær til å få det til å skje!
This new threat was serious and Ptolemy had his very own army to make it happen!

Så nå sto jeg foran mitt første virkelige store problem som farao.

So now I was faced with my first really big problem as Pharaoh.

Hvordan burde jeg takle min plagsomme bror og denne trusselen til min makt?

How should I deal with my bratty brother and this threat to my power?

Og nå, ett år senere, hadde alt blitt verre.

And now, a year later, it had all gotten worse.

Min bror hadde vunnet den første runden og jeg levde i eksil vekk fra min kjære Alexandria.

My brother had won the first round and I was living in exile away from my beloved Alexandria.

I går, kom Tibby tilbake fra markedet med nyheter om en ny mann i nabolaget.

Yesterday, Tibby arrived back from the market with news of a new man in the neighbourhood.

Ikke bare var han kjekk, «drømmete», sa hun, han hadde også en hær.

Not only was he handsome, "dreamy," she said, he also had an army.

«Han kjørte den største og raskeste stridsvognen jeg noen gang har sett», erklærte Tibby, «og det romerske brystskjoldet han bar var så imponerende!»

"He was driving the biggest and fastest chariot I've ever seen" Tibby announced, "and that Roman chest-plate he wore was so impressive!"

Det var Julius Caesar og her var han, parkert rett ved trappen min!

It was Julius Caesar and here he was, camped right on my doorstep!

Kunne det ble bedre en dette?
Could it get better than this?

Jeg trengte en alliert og ut fra ingensted, hadde han vist seg.
I needed an ally and out of nowhere, he had appeared.

Sakte begynte en plan å formere seg.
Slowly a plan began to take form.

Jeg trengte å få kontakt med denne Julius Caesar uten å bli sett.
I needed to make contact with this Julius Caesar without being seen.

Tibby ble sendt tilbake til markedsplassen for å samle informasjon.
Tibby was sent back to the market place to gather information.

Hun fant en teppeselger som handlet med romerne.
She found a carpet dealer who dealt with the Romans.

For noen mynter var han villig til å gjøre en meget spesiell levering.
For a few coins he was willing to make a very special delivery.

Så det var slik jeg kom til å være humpende av gårde i en ukomfortabel vogn, innpakket i et ullteppe.
So that is how I came to be bumping along in an uncomfortable cart, wrapped up in a wool rug.

Når vi endelig kom frem til leiren til Julius Caesar kunne jeg høre soldatene hans snakke høyt mens de fjernet artiklene fra vognen.
When we finally reached the camp of Julius Caesar I could hear his soldiers talking loudly as they removed the items from the cart.

Innen minutter følte jeg teppet bevege seg mens jeg ble løftet og bæret inn til teltet til den store romerske lederen.
Within minutes I felt the rug move as I was lifted and carried into the tent of the great Roman leader.

Når teppet ble droppet på gulvet og utrullet holdt jeg pusten min.
As the rug was dropped to the ground and unrolled I held my breath.

Jeg visste at det som kom nå ville forandre mitt livskurs.
I knew what came next would change the course of my life.

Ville han like meg?
Would he like me?

Ville jeg like ham?
Would I like him?

Ville vi kombinere krefter slik jeg hadde planlagt?
Would we join forces as I had planned?

Plutselig så så jeg opp på ham; en sterk og kjekk soldat.
Suddenly I was looking up at him; a strong and handsome soldier.

Øynene våres låste seg og øyeblikkelig visste jeg at sammen, Julius Caesar og jeg, ville Kleopatra VII lage histore!
Our eyes locked and instantly I knew that together, Julius Caesar and I, Cleopatra VII would make history!

Historien om Kleopatra, av Julius Caesar
The Story of Cleopatra, by Julius Caesar

Som en ung mann som vokste opp i gamle Roma oppdaget jeg raskt misnøyen vanlige folk følte for nobiliteten, som meg.
As a young man growing up in ancient Rome I quickly discovered the dislike the common people felt for the nobility, like me.

De hånlige flirene og skulende blikkene på ansiktene til folk var synlig overalt jeg gikk.
The sneers and the scowls on people's faces were everywhere I went.

Jeg husker at jeg gikk i markedet en dag og overhørte en samtale mellom to kjøpmenn, de fortalte vitser til hverandre.
I remember walking in the market one day and overhearing a conversation between two merchants. They were telling each other jokes.

«Hva har VI hjul og flyr?», sa den første kjøpmannen.
"What has VI wheels and flies?," said the first merchant.

«Søppelvognen», ropte han og de lo langt og hardt.
"The garbage cart," he shouted and they laughed long and hard.

«Hvem kom etter den første konsulen?», spøkte den andre kjøpmannen.
"Who came after the first Consul?" joked the second merchant.

Den andre så blankt og sa ingenting.
The other simply looked blank and said nothing.

«Den andre», sa han svarende til hans eget spørsmål og med det, rullet begge mennene med øynene og trakk på skuldrene.
"The second one," he said answering his own question and with that, both men rolled their eyes and shrugged.

Det var klart at det var ingen tapt kjærlighet for de store lederne av landet vårt.
It was clear there was no love lost for the great leaders of our country.

Hvert år utpekte senatet to nye konsuler til å lede landet.
Every year the senate appointed two new Consuls to lead the country.

To ble valgt slik at ingen enkel person skulle ha for mye makt.
Two were chosen so that no single person would have too much power.

Alle senatorer og konsuler var fra adelsfamiliene av Roma.
All Senators and Consuls were from the noble families of Rome.

Det var denne typen mistillit som fulgte meg gjennom mitt unge liv.
It was this type of mistrust that followed me throughout my young life.

Landet var i et stort rot og, selvsagt, familier slik som mine ble klandret for alle feilene og problemene.
The country was in a big mess and, of course, families like mine were blamed for all the mistakes and troubles.

Men lite visste noen på den tid at jeg, Julius Caesar, ville en dag løse landets trøbler.
But little did anyone know at the time, that I, Julius Caesar, would one day solve the country's troubles.

Ikke før lenge ville jeg plukke opp et sverd, melde meg inn i hæren og til slutt etablere et militært diktatur.

Before too long, I would pick up a sword, join the army and eventually establish a military dictatorship.

Men det var i fremtiden og jeg hadde en lang vei å reise og slag å kjempe før det kunne skje.
But that was in the future and I had a long way to go and battles to fight before that would come to pass.

Som en ung soldat, kom jeg, så jeg og erobret jeg mange områder av Asia og Midtøsten.
As a young soldier, I came, I saw and I conquered many areas of Asia and the Middle East.

Mine hærer sloss hardt og tappert.
My armies fought hard and valiantly.

Det romerske imperiet vokste i hopp og sprang på grunn av min innsats.
The Roman Empire grew in leaps and bounds because of my efforts.

Jeg nøt de dagene på slagmarken og husket dem som noen av de beste dagene i mitt liv!
I relished those days on the battlefield and remembered them as being some of the best days in my life!

Etter en lang dag på slagmarken spiste soldatene som var under min kommando og slappet av.
After a long day on the battlefield the soldiers under my command would eat and relax.

Matrasjonene til våre romerske soldater var alltid nøye planlagt.
The food rations for our Roman soldiers were always well planned.

Rasjoner konsisterte primært av korn; nemlig mais, hvete og bygg.

Rations consisted primarily of grains; namely corn, wheat and barley.

Kornene ble malt og brukt til å lage brød, grøt og pasta.
The grains were ground and used to make breads, porridge and pastas.

Kjøtt var vanligvis bacon og den var saltet til å bevare den.
Meat was usually bacon and it was salted to keep it preserved.

Vi hadde også ost og vin til vår benyttelse.
We also had cheese and wine at our disposal.

Vinen var, så klart, alltid utvannet.
The wine was always watered down of course.

Soldatene hadde nok til å holde dem klar for kamp, men noen ganger lengtet de etter bakverk.
The soldiers had enough to keep them fit for battle, but sometimes they longed for pastry.

«Vi kan ikke leve på brød alene», klaget soldatene ofte.
"We cannot live on bread alone," the soldiers would often complain.

«Vi føler at vi blir trent for Olympiaden.»
"We feel we are being trained for the Olympics."

Jeg, så klart, ignorerte deres bønner fordi jeg visste bedre.
I, of course, ignored their pleas because I knew better.

Et sunt kosthold betydde en sterkere soldat og et lengre liv.
A healthy diet meant a stronger soldier and a longer life.

Et langt liv, jeg kan tilføye, som de kan bruke til å samle en god pensjon.
A long life, I might add, in which to collect their good pensions.

En kveld, år senere, fant jeg meg selv i landet til Egypt.
One evening, years later, I found myself in the land of Egypt.

Denne kvelden var varm og klissete, ganske lik alle de andre kveldene siden min ankomst.
This particular evening was hot and sticky, much like every other night since my arrival.

Slagene våre hadde blitt kjempet og vunnet.
Our battles had been fought and won.

«Det er på tide å komme oss ut herfra og tilbake til Roma», tenkte jeg til meg selv.
"It's time to get out of here and back to Rome," I thought to myself.

Jeg var lei av å bare henge rundt og var klar for noen form for handling.
I was tired of just hanging out and was ready for some kind of action.

Men, jeg var også bekymret for min mangel på penger.
But, I was also worried about my lack of money.

Hæren begynte å bli rastløs og jeg visste at jeg måtte betale soldatene mine de myntene jeg skyldte dem snart.
The army was getting restless and I knew I would have to pay my soldiers the coins I owed them soon.

Den siste kampanjen mot Pompey hadde vært dyr.
This last campaign against Pompey had been expensive.

Vi måtte jage Pompey ut av Roma og hele veien til Egypt.
We had to chase Pompey out of Rome and all the way into Egypt.

Nå var krigskisten min, før overflommende, nesten helt tom.

Now my war chest, once overflowing, was almost completely empty.

«Bah!», sa jeg høyt og skremte soldatene som hadde nettopp kommet inn i teltet.
"Bah!" I said aloud startling the soldiers that had just entered the tent.

De bar et støvete opprullet teppe.
They were carrying a dusty rolled up carpet.

«Hva er dette?», ropte jeg.
"What's this?" I bellowed.

Mitt humør var mørkt og tankene mine var om å pakke sammen og dra.
My mood was dark and my thoughts were about packing up and leaving.

Enda et teppe i teltet var latterlig.
Another carpet in the tent was ridiculous!

Jeg så deprimert på, mens teppet ble droppet på gulvet og rulllet ut.
I looked depressed, as the rug was dropped to the ground and unrolled.

Nok med dette tullet!
Enough of this nonsense!

Hvem som er ansvarlig kommer til å ha noe forklaring å gjøre!
Whoever was responsible would have some explaining to do!

Men da droppet kjeven min mens jeg så hva som rullet seg ut av teppet.
But then my jaw dropped as I saw what unrolled out of the carpet.

20

En vakker kvinne!
A beautiful woman!

Hun landet ved mine føtter og så uskyldig opp inn i mine øyne.
She landed at my feet and looked up innocently into my eyes.

Våre blikk låste seg og for en stund, lot tiden til å stå stille.
Our gaze locked and for a moment, time seemed to stand still.

Jeg visste øyeblikkelig at dette var ingen vanlig slavepike.
I knew instantly that this was no ordinary slave girl.

Hun hadde på seg de lysfarget klærne reservert kun de rike egyptiske damene til mektige familier.
She was dressed in the brightly coloured clothes reserved only for the wealthy Egyptian women of powerful families.

Et amulett i gull sirklet rundt overarmen hennes og beltet hennes var utsmykket med juveler i mange farger.
An amulet of gold encircled her upper arm and her belt was studded with jewels of many colours.

Det var Kleopatra, den utviste dronningen av Egypt.
It was Cleopatra, the exiled Queen of Egypt.

Plutselig forvandlet enda en kjedelig kveld i et fremmed land til en natt av endeløse muligheter.
Suddenly another boring evening in a foreign land transformed itself into a night of endless possibilities.

Humøret mitt forandret seg øyeblikkelig.
My mood immediately changed.

Jeg kom, jeg så, jeg erobret, skulle til å få en ny mening!
I came, I saw, I conquered, was about to have a new meaning!

Men nøyaktig hvem erobret hvem, tenkte jeg, mens natten av romantikk begynte å blomstre.

But exactly who was conquering who, I thought, as the night of romance began to blossom.

Det faktum at Kleopatra hadde penger var interressant for meg og som det viste seg var hæren jeg kommanderte av stor interresse for Kleopatra og planene hennes.
The fact that Cleopatra had money was interesting to me and as it turned out the army I commanded was of great interest to Cleopatra and her plans.

Mens vi låste øyner, tok vi seriøst mål av hverandre.
As we locked eyes, the two of us took serious stock of one another.

De neste ukene ville bli meget underholdende og givende.
The next weeks were going to be both entertaining and rewarding.

———————————

Jeg følte meg som en keiser når vi gikk inn i byen Alexandria med Kleopatra ved min side.
I felt like an Emperor as we entered the city of Alexandria with Cleopatra at my side.

Vi sto høyt i min store romerske stridsvogn og var et imponerende par.
We were standing tall in my great Roman chariot and made an impressive couple.

I dag hadde hun på seg en hodepryd så flott at hun så ut som gudinnen Isis.
Today she was wearing a head-dress so magnificent she looked like the Goddess Isis.

Det var klart at folket hennes beundret henne.
It was clear that her people adored her.

I de siste par ukene hadde jeg lært mye om denne unge spenstige dronningen.

In the past few weeks I had learned a lot about this spunky young queen.

Mens mesteparten av de store familiene i Egypt snakket kun gresk, hadde Kleopatra valgt å lære egyptisk, det vanlige språket til folket hun hersket over.
While most of the great families in Egypt spoke only Greek, Cleopatra had chosen to learn Egyptian, the common language of the people she ruled.

Hun var en mektig farao og jeg var stolt av å bruke min hær til å få henne tilbake til Alexandria der hun tilhørte.
She was a powerful Pharaoh and I was proud to use my army to get her back into Alexandria where she belonged.

Slaget med hennes bror, Ptolemy XIII hadde vært voldsom men hans nederlag hadde vært total.
The battle with her brother, Ptolemy XIII was fierce but his defeat had been total.

Jeg kunne fortsatt see ham løpe vekk fra mine hærstyrker med halen mellom bena, aldri til å vende tilbake igjen.
I could still see him running away from my armies with his tail between his legs, never to return again.

Hun vendte seg mot meg, et bredt smil delte leppene hennes og nok en gang ble hun den fløretede jenta som hadde stjålet hjertet mitt bare noen få uker siden.
She turned towards me, a broad smile parting her lips and once again she became the flirty girl that had stolen my heart just a few short weeks ago.

Hennes hånd strakte seg ut og dekket min mens hun hvisket i øret mitt.
Her hand reached over and covered mine as she whispered into my ear.

«Så hva syntes du om din lille dronning nå?», hennes lekefulle smil smeltet hjertet mitt.

"So what do you think of your little queen now?" her playful smile melted my heart.

Jeg var trist vitende at jeg måtte dele nyhetene snart.
I was saddened knowing I would have to break the news soon.

Det var på tide for meg å vende tilbake til Roma.
It was time for me to be getting back to Rome.

«Dere romere med deres store sverd og raske stridsvogner er ikke de eneste som vet hvordan å temme en folkemengde», sa hun.
"You Romans with your big swords and fast chariots aren't the only ones who know how to tame a crowd," she said.

Hun blunket til å vise meg at hun ertet bare.
She winked to show me she was just teasing.

Jeg bestemte at jeg ville dele nyhetene en annen dag.
I decided I would break the news on another day.

I dag var for feiring.
Today was for celebration.

Historien om Kleopatra, av Tibby
The Story of Cleopatra, by Tibby

«De så så lykkelig ut sammen», tenkte jeg, mens stridsvognen som holdt Kleopatra og Julius Caesar kom inn til Alexandria.
"They looked so happy together", I thought, as the chariot holding Cleopatra and Julius Caesar entered Alexandria.

Folkemengdene som så Kleopatras retur til byen ropte some gale med begeistring.
The crowds of people who watched Cleopatra's return to the city were cheering madly with excitement.

De var tydeligvis henført å ha sin dronning hjemme igjen.
They were clearly thrilled to have their Queen home again.

Men, jeg kunne ikke hjelpe å spørre hvor lenge denne lykken ville vare.
However, I couldn't help questioning how long this happiness would last.

Jeg hadde hørt rykter i det siste at Caesar forberedte sin hær for en rask avreise tilbake til Roma.
I had heard rumours recently that Caesar was preparing his army for a quick departure back to Rome.

Du kunne ikke klandre meg for å lure på hvordan dette ville påvirke meg personlig.
You couldn't blame me for wondering how this would affect me personally.

Ville Kleopatra og hele hennes palasshushold reise med ham?
Would Cleopatra and her entire palace household be leaving with him?

Mens jeg bare var Tibby, tjenestepiken, hadde mitt barndoms vennskap med Kleopatra smidd et spesielt bånd mellom oss.
While I was only Tibby, the servant girl, my childhood friendship with Cleopatra had forged a special bond between us.

Vi hadde blitt de næreste av venner.
We had become the closest of friends.

Bare tiden kunne si hvilken forandringer som kunne vente oss.
Only time would tell what changes might be in store for us.

Jeg kunne ikke hjelpe for å bekymre meg.
I couldn't help but worry.

Alt hadde skjedd så plutselig.
Everything had happened so quickly.

Det virket som bare dager siden, jeg hadde planlagt med min dronning mens hun var fortsatt i eksil.
It seemed just days ago, I had been planning with my Queen while she was still in exile.

Vi klekket et plan som ville ha den unge faraoen, Kleopatra, levert til den store romerske lederen, innrullet i et teppe!
We hatched a plan that would have the young Pharaoh, Cleopatra, delivered to the great Roman leader, rolled up in a carpet!

Planen hadde vært suksessfull og nå her var vi alle trygt tilbake i Alexandria.
The plan had been successful and now here we all were safely back in Alexandria.

«Hva tenker du på», hvisket en stemme i mitt øre.
"What are you thinking about Tibby", whispered a voice in my ear.

Jeg snudde meg for å se på den kjekke romerske soldaten som stå ved min side.
I turned to look at the handsome Roman soldier standing by my side.

Hans navn var Titus.
His name was Titus.

Titus og jeg hadde møtt bare noen korte uker siden i leiren til Julius Caesar's store hær.
Titus and I had met only a short few weeks ago at the campsite of Julius Caesar's great army.

Øyeblikkelig tiltrukket til hverandre, vi hadde blitt nesten uskillbar.
Instantly drawn to each other, we had become almost inseparable.

Jeg elsket buen av hans musklede armer og han så så kjekk ut i rustningen til den romerske legionær.
I loved the curve of his muscled arms and he looked so handsome in the armour of the Roman Legionnaire.

Jeg kunne ikke motstå en mann i uniform og hvis sant skal sies, minte Titus meg om min egen far.
I couldn't resist a man in uniform and if the truth were told, Titus reminded me of my own father.

Min far hadde vært en soldat i den egyptiske hæren; en berømt vognfører som hadde tjent respekten til det egyptiske folk.
My father had been a soldier in the Egyptian army; a famous charioteer who had earned the respect of the Egyptian people.

Både fryktet og respektert, Egypts vognførere var hedrete borgere.
Both feared and respected, Egypt's charioteers were honoured citizens.

Et par sterke hester trent til krig, ville dra en stridsvogn som bærte to modige soldater.
A pair of strong horses trained for war, would pull a chariot carrying two brave soldiers.

Mens en kjørte stridsvognen, sloss den andre, vanligvis med spyd eller pil og bue.
While one drove the chariot, the second would fight, usually with a spear or bow and arrow.

Egyptiske soldater var flotte skudd.
Egyptian soldiers were great marksmen.

De kunne treffe et mål opp til 600 fot unna.
They could hit a target up to 600 feet away.

Når jeg var bare en liten jente, boende på familiegården, husker jeg at jeg satt ved mitt fars kne og hørte hans fortellinger om slag kjempet og vunnet.
When I was just a little girl, living on the family farm, I remember sitting at my father's knee listening to his tales of battles fought and won.

Min far hadde blitt gitt et stykke jord av faraoen, Ptolemy XII.
My father had been given a plot of land by the Pharaoh, Ptolemy XII.

Gaven var betaling for hans år i tjeneste ved slutten på hans militære karriere.
The gift was payment for his years of service at the end of his military career.

Det var på denne jorden at jeg ble født og hvor jeg tilbrakte de tidligere årene av mitt liv.
It was on this land that I was born and where I spent the earlier years of my life.

Fra taket av familiehytten kunne vi se den mektige Nil-elven strømme forbi i avstanden.
From the roof of the family hut we could see the great Nile River flowing by in the distance.

Den mørke rike jorden ved breddene på elven ga fruktbar jord for mine fars avlinger.
The dark rich soil on the banks of this river provided fertile ground for my father's crops.

Når varme sommernetter ble uutholdelige, klatret hele min familie opp på taket for å sove i den kjølige natteluften.
When hot summer nights became unbearable my whole family would climb up onto the rooftop to sleep in the cool night air.

Jeg husker at jeg stirret opp i midnatt himmelen, satt på fyr av blinkende stjerner som så ut som diamanter.
I remember staring up into the midnight sky, ablaze with twinkling stars that looked like diamonds.

Satt ved siden av meg, min far pleide å si, «Hvis jeg kunne Tibby, ville jeg samle de diamantene og lage deg en hodepryd så flott at til og med Isis selv ville være misunnelig!».
Sitting next to me, my father would say, "If I could Tibby, I would gather those diamonds and make you a headdress so dazzling that even Isis herself would be envious!".

Et pår år senere ville jeg huske ordene hans, men de ville gi meg ingen trøst.
A few years later I would remember his words, but they would give me no comfort.

Et forespørsel hadde kommet fra selveste faraoen, Ptolemy XII.
A request had come from the Great Pharaoh himself, Ptolemy XII.

Han ville ha en ledsager for hans unge datter, Kleopatra.
He wanted a companion for his young daughter, Cleopatra.

Jeg hadde blit utvalgt og på den unge alderen av bare VI, var jeg av gårde til palasset i Alexandria.
I had been chosen and at the tender age of only VI, I was sent off to the palace in Alexandria.

Uten tvil tenkte min far at komfortene av palasslivet, ville gi meg sikkerheten som han kunne ikke gi.
No doubt my father thought that the comforts of palace life, would give me the security that he was unable to provide.

Mine første dager i palasset var fylt med tårer, men snart vant Kleopatras lette sinn meg over.
My first days in the palace were filled with tears, but soon Cleopatra's gentle humour won me over.

Vi ble bestevenner.
We became best friends.

Noen ganger ved midnatt snek vi oss ned til palassets store kjøkkener for å stjele søtbrød og honning.
Sometimes at midnight we would tip-toe down into the palace's great kitchens to steal sweetened breads and honey.

Mer enn en gang ble vi tatt med hakene og fingertuppene våres tildekt med jusen av modne fiken.
More than once we were caught with our chins and fingertips covered with the juice of ripened figs.

De bekymringsfrie dagene var fylt med letthjertet moro og eventyr.
Those care-free days were filled with light-hearted fun and adventure.

Mengden rundt meg begynte å slå seg opp.
The crowd around me began to break up.

Det ville bli en travel dag i palasset.
It would be a busy day in the palace.

Jeg trengte å se til de mange oppgavene før kveldens festmåltid begynte.
I needed to attend to many jobs before the evening feast began.

Nysgjerrige øyner så på mens jeg sa adjø til Titus og vinket mens han forsvant bak hjørnet.
Curious eyes watched as I said good-bye to Titus and waved as he disappeared around the corner.

Alexandria-folket var spent for å ha deres favoritt farao tilbake hjemme, men var engstelig at så mange romerske soldater var til stede i hjertet av Egypt.
The people of Alexandria were excited to have their favourite Pharaoh back at home, but were anxious about the presence of so many Roman troops in the heart of Egypt.

Jeg visste at deres frykter snart ville forsvinne.
I knew their fears would soon disappear.

Kleopatra forstod godt behovene til hennes folk.
Cleopatra understood well the needs of her people.

Hun hadde giftet seg med Caesar med betydelige midler for hans støtte.
She had gifted Caesar with significant funds for his support.

I retur, Caesar hadde fylt lommene til hans trofaste soldater med mynter.
In turn, Caesar had filled the pockets of his faithful soldiers with coins.

Nå ville disse samme soldatene bruke myntene sine her mens de forberedte seg for reisen tilbake til Roma.
Now these same soldiers would be spending their coins here as they prepared for their journey back to Rome.

Så sant, alle ville tjene på denne nye alliansen.
Indeed, everyone would profit from this new alliance.

Dagen jeg grudde hadde endelig kommet.
The day I was dreading had finally arrived.

Lange kolonner med romerske legionærer hadde begynt
deres marsj ut av Alexandria tidligere på morgenen.
*Long columns of Roman legionnaires had begun their march
out of Alexandria earlier in the morning.*

Ved midten av dagen hadde de siste av soldatene gått ut
gjennom byportene.
*By mid-day the last of the soldiers were exiting through the
gates of the city.*

Et forsyningstog av vogner og deres hester var oppført å dra
senere på kvelden.
*A supply train of carts and their horses were slated to leave
later in the evening.*

Jeg hadde sett paraden med soldater fra et palass vindu.
*I had been watching the parade of soldiers from a palace
window.*

Titus, min elskede, hadde vært en av de første til å dra fra
Alexandria.
Titus, my love, had been one of the first to leave Alexandria.

Vårt møte i går natt ved hagene inni palassmurene hadde
vært så fryktelig trist men forventet.
*Our meeting last night at the gardens inside the palace walls
had been so terribly sad and yet expected.*

Titus var en tillitsfull og verdsatt soldat av Caesars og jeg var
ikke noe mer enn en tjener av min dronning.
*Titus was a favoured and trusted soldier of Caesar's and I was
nothing more than a servant to my Queen.*

Ingen av oss hadde noe valg.
Neither of us had a choice.

Vi hadde en plikt til å tjene hver vår leder trofast og uten spørsmål.
We had a duty to serve each of our leaders faithfully and without question.

Akkurat mens den tanken passerte en annen, enda større en, okkuperte hjertet mitt.
Just as the thought passed another, even greater one, occupied my heart.

Jeg var plutselig fylt med en ny iver.
I was suddenly filled with a new excitement.

Jeg pilte fra rommet på jakt etter min dronning.
I scurried from the room in search of my Queen.

Jeg fant henne endelig på vei inn til biblioteket.
I finally found her entering the library.

Jeg bøyde meg raskt og da beljet ut: «Kleopatra, min droning, kan jeg prate med deg om et tema nært mitt hjerte?».
I bowed quickly and then blurted out, "Cleopatra, my Queen, may I speak with you on a subject dear to my heart?"

Dronningen samtykket og ga tegn for meg å ble med henne i rommet.
The Queen agreed and motioned for me to join her in the room.

«Hva vil du prate om, min kjære venn», den store faraoen spurte.
"What would you like to talk about, my dear friend," the great Pharaoh asked.

«Vennskap,», sa jeg.
"Friendship," I said.

I den neste timen pratet vi to i rommet.
For the next hour the two of us talked in the room.

Min dronning hørte etter mens jeg snakket fort.
My Queen listened, as I spoke quickly.

Jeg gikk ut av rommet senere med et smil, strålende på fjeset mitt fra øre til øre.
I walked out of the room later with a smile, beaming on my face from ear to ear.

Mens vi skiltes, smålo Kleopatra og sa da noe: «Caesar er en stor kriger, men han har også en stor sans for humor».
As we parted, Cleopatra chuckled and then spoke. "Caesar is a great warrior, but he also has a great sense of humour".

Hun avsluttet setningen med et blunk og gikk ut av rommet.
She ended the sentence with a wink and left the room.

Den natten mens det romerske forsyningstoget rullet ut av Alexandria, kunne et dempet latter høres fra den tredje vognen i prosesjonen.
That night as the Roman supply train rolled out of Alexandria, a muffled laugh could be heard from the third cart in the procession.

Den var vognen som bærte innredningen til teltene til Caesar og hans mest tillitsvalgte soldater!
It was the cart that carried furnishings for the tents of Caesar and his most trusted soldiers!

Historien om Kleopatra, av Ebek
The Story of Cleopatra, by Ebek

Min dronning Kleopatra og hennes tjenestepike Tibby hadde god grunn til å være trist mens romerne marsjerte ut av Alexandria den morgenen.
My Queen Cleopatra and her servant girl Tibby had good reason to be sad as the Romans marched out of Alexandria that morning.

Så jeg var overrasket å se at de begge fniste som ungjenter utenfor biblioteket.
So I was surprised to see them both giggling like young girls outside of the library.

Jeg hadde kjent disse to siden barndommen og jeg kunne se at Kleopatra og Tibby pønsket på noe.
I had known these two since childhood and I could tell Cleopatra and Tibby were up to something.

«Ebek», Kleopatra kalte meg over.
"Ebek," Cleopatra called me over.

«Jeg vil at du skal bli med Tibby og hjelpe samle hennes saker».
"I want you to go with Tibby and help gather her things."

Jeg fulgte Tibby gjennom palasset og ned baktrappene til første-etasjen hvor hun hadde en liten suite med rom.
I followed Tibby through the palace and down the back stairs to the first floor where she had a small suite of rooms.

Tibby var en vel likt tjener og Kleopatra hadde gitt henne en komfortabel plass å kalle hennes eget.
Tibby was a favoured servant and Cleopatra had given her a comfortable place to call her own.

Jeg lurte til meg selv hvor Tibby kunne vær på vei til?
I wondered to myself where Tibby could be going?

Hun valgte å pakke bare noen få av hennes prisede eiendeler og til klær, tok hun bare det hun hadde på seg.
She chose to pack only a few of her most prized possessions and for clothing, she took only what she was wearing.

Vel, hva enn Tibby pønsket på så reiste hun tydeligvis lett!
Well, whatever Tibby was up to she was obviously travelling light!

Snart var det tid til å si adjø.
Soon it was time to say good-bye.

Jeg var glad i henne og ønsket henne en trygg reise.
I was fond of her and wished her a safe journey.

Siden jeg var en slave delte jeg kun et enkelt rom med min mor.
Since I was a slave I shared only a single room with my mother.

Vårt rom var enkel i dens design.
Our room was very simple in its design.

Ikke fullt så innbydende som Tibbys suite med rom, men det var hjemme.
Not quite as inviting as Tibby's suite of rooms, but it was home.

Jeg var heldig som ble født i palasset og en dag, ville både jeg og min mor tjene vår frihet.
I was lucky to have been born here in the palace and someday, both my mother and I would earn our freedom.

Min mor var palass-artisten og hennes talent og ferdigheter var prisbelønt utover hele Egypt.

My mother was the palace artist and her talent and skills were celebrated throughout Egypt.

Mors jobb var å skape store malerier på veggene gjennom hele palasset.

Mother's job was to create great paintings on the walls throughout the palace.

Palasset var stort og min stakkars mor hadde jobbet i årevis med å male et stor mesterverk etter et annet til å tilfredstille øynene til faraoen og hans familie.

The palace was large and my poor mother had laboured for years painting one masterpiece after another to please the eyes of the Pharaoh and his family.

Ptolemy XII, Kleopatras far hadde gitt oss dette løftet; når min mor hadde blitt ferdig med de siste av disse maleriene, ville han gi oss begge vår frihet.

Ptolemy XII, Cleopatra's father had made us this promise; when my mother finished working on the last of these paintings, he would grant us both our freedom.

Hun arbeidet med det siste maleriet nå.

She was working on the final painting now.

De rike familiene av Alexandria spurte allerede etter henne vitende at snart ville hun bli fri.

The wealthy families of Alexandria were already requesting her services knowing that soon she would be free.

Både min mor og jeg ville vær komfortabel når våre plikter ved palasset tok slutt.

Both my mother and I would be comfortable when our duties at the palace came to an end.

For meg, hadde jeg to veldig spesielle jobber i husholdet til Kleopatra.

As for me, I had two very special jobs in the household of Cleopatra.

Den viktigkste oppgaven jeg utførte var som den kongelige smakeren av faraoens mat.

The most important task I performed was as the royal taster of the Pharaoh's food.

Jeg så på kokkene mens de kokte og hjalp med forberedelsene når det trengtes.

I would watch the cooks as they cooked and help with preparation as needed.

Så snart matforberedelsene var ferdig ville jeg gi spesiell oppmerksomhet til fatet til dronningen.

Once the meal preparation was complete I would pay special attention to the plate of the Queen.

Det var min oppgave å ha en smak av hver matbit på fatet.

It was my job to have a taste from each item on the plate.

Hvis maten var forgiftet var det jeg som ville lide konsekvensene.

If the food had been poisoned I would be the one to suffer the consequences.

Nå virker dette som en farlig jobb men i realiteten var det lite risiko til helsen min.

Now this might seem to be a dangerous job but in reality the risk to my health was minor.

Det var ingen, i hele Egypt som var bedre beskyttet enn vår store farao.

There was no one, in all of Egypt that was better protected than our great Pharaoh.

All mat var inspisert mens det kom inn palassportene og de ansatte i kjøkkenet var passet nøye på av soldatene som var tildelt kjøkkentjeneste.

All foods were inspected as they came inside the palace gates and the kitchen staff was watched closely by the soldiers that were assigned to kitchen duty.

Faktiskt, så jeg på min jobb som smaker som en god jobb.

In fact, I considered my job as taster to be a good one.

Jeg spiste bare det beste av mat og mitt kosthold var mye bedre enn de rikeste kjøpmenn!

I ate only the best of foods and my diet was much better than the wealthiest of merchants!

Når jeg ikke smakte på maten til faraoen, var jeg ved min mors side.

When I wasn't tasting the Pharaoh's food, I was at my mother's side.

Jeg hadde oppgaven med å mikse all malingen hun brukte til å skape hennes vakre malerier.

I had the task of mixing all the paints she used when creating her beautiful paintings.

Jeg brukte en mørtel og stampel til å lage pigmentene som skapte de spennende fargene min mor var berømt for.

I would use a mortar and pestle to make the pigments that created the exciting colours my mother was famous for.

Mørtelet er en tung skål laget ut av stein og stampelet er et avrundet knuseredskap som passer lett i knyttneven min.

The mortar is a heavy bowl made from stone and the pestle is a round ended crushing tool that fit easily into my fist.

Jeg kverner stykker av edelstener, plante fibrer og andre gjenstander inntil de blir til et pulver.

I ground chunks of precious stones, plant fibres and other items until they turned into a powder.

De forskjellige pulverene, kalt pigmenter ble da brukt til å skape vakre farger min mor brukte til å male hennes veggmalerier.
The different powders, called pigments were then used to create the beautiful colours my mother used to paint her murals.

Oppskriftene som ble brukt til å lage malingen var en familie hemmelighet og ble forsiktig voktet.
The recipes used for making her paints were a family secret and guarded them carefully.

Disse oppskriftene og min mors talent ville til slutt skape et trygt liv for oss og min framtidig familie.
These recipes and my mother's talent would eventually create a secure life for us and for my future family.

Et par måneder etter at Tibby forlot palasset, var det kongelig kjøkken i fullt oppstyr.
A few months after Tibby left the palace, the royal kitchen was in a sudden uproar.

Det var rapportert at dronningen hadde vært syk hver morgen i den siste uken!
The Queen was reported to have been sick every morning for the past week!

Jeg var forskrekket.
I was horrified.

Alle øyne så på meg og jeg var beskyld for å ikke gjøre jobben min skikkelig.
All eyes were on me and I was accused of not doing my job properly.

Ingen hadde dødd men å være så syk kunne bare bety en ting.

No one had died but being so terribly sick could mean only one thing.

Dronningen ble sakte forgiftet og hennes kongelige smaker sviktet stygt i hans jobb.
The Queen was being poisoned slowly and her royal taster was failing miserably at his job.

Jeg kunne ikke forstå det. Jeg tok min jobb veldig seriøst.
I couldn't understand it. I took my job very seriously.

Når jeg jobbet i kjøkkenet og hjalp kokkene ga jeg mye oppmerksomhet til detaljene.
When I worked in the kitchen helping the cooks I paid close attention to detail.

Min dronnings velbehag var alltid min første prioritet.
My Queen's welfare was always my first priority.

Jeg begynte å bli redd for meg selv og min mor.
I began to fear for myself and my mother.

En forgiftet Kleopatra kunne skape problemer for vår lovte frihet.
A poisoned Cleopatra could cause problems for our promised freedom.

Det endelige utfallet kunne bli langt verre!
The final outcome could be far worse!

Mine engstelser ble snart lagt til ro.
My worries were soon put to rest.

Rart nok, det var min syke dronning som skulle gi meg mye etterlengtet trygghet.
Strangely enough, it was my sick Queen who would bring me my much needed comfort.

Mange dager etter alt trøbbelet begynte, kom en veldig blek dronning gående inn til kjøkkenet.
Several days after all the trouble began, a very pale looking Queen walked into the kitchen.

Hun så ut som om hun hadde slept seg selv ut av sengen.
She looked as though she had just dragged herself out of bed.

Håret hennes var et totalt rot og huden hennes var hvit som kalk.
Her hair was a total mess and her skin was as white as chalk.

Både kokkene og jeg tok et steg tilbake i skrekk mens hun snakket.
Both the cooks and I stepped back in horror as she spoke.

«Unnskyld meg, mine kjære tjenere, men deres dronning er sulten etter en sylteagurk».
"Excuse me, my dear servants, but your Queen is hungry for a pickle."

«En sylteagurk», spurte sjefskokken?
"A pickle," the head cook asked?

«Ja», sa dronningen, «og hvis det er ingen sylteagurker i palasskjøkkenet, vil iskrem holde.»
"Yes, said the Queen, and if there are no pickles in the palace kitchen, ice cream will do."

Mens kokkene ilte rundt kjøkkenet etter dronningens forespørsler, følte jeg en voksende lettelse.
While the cooks scurried about the kitchen responding to the Queen's requests, I felt a growing sense of relief.

Jeg måtte snakke med min mor ettersom hun hadde mer erfaring med slike saker, men noe fortalte meg, at mysteriet med faraoen sin sykdom snart ville løses.
I would have to consult with my mother as she had more experience with these matters, but something told me, the

mystery of the Pharaoh's recent illness was about to be solved.

Dronningen, jeg trodde var med barn.
The Queen, I believed was with child.

Kleopatra skulle ha en baby!
Cleopatra was going to have a baby!

Mine mistanker ble bevist sant.
My suspicions were proven correct.

I god tid min dronning, Kleopatra VII, fødte en prins; en gutt som senere ble navnet Caesarion.
In good time my Queen, Cleopatra VII, gave birth to a prince; a boy who was later named Caesarion.

Faren var så klart, den store Julius Caesar.
The father was of course, the great Julius Caesar.

Caesarion sin fødsel kom samme dagen som min mor ble ferdig med det svære maleriet i storsalen.
The birth of Caesarion came the very same day my mother completed the huge painting in the great hall.

Som lovet, både min mor og jeg ble befridd fra vårt slaveri og fikk lov å forlate palasset.
As promised both my mother and I were freed from our slavery and permitted to leave the palace.

Livet til Kleopatra

Veien til Julius Caesar sin leir var røff og full av hull. Jeg spratt rundt bak i vognen som en sekk med stoff. Hvordan i all verden kunne dronningen av Egypt, hersker av den mest avanserte sivilisasjonen i vår tid, finne seg i en slik situasjon? Her var jeg, innrullet i et persisk teppe, tettpakket mellom sekker med hvete, en kasse grønnsaker og et dusin bur med kaklende høner. Nøyaktig hvordan kom det seg slik? Jeg lukket øynene mine for en stund og lot tankene drive tilbake til bedre tider.

Gjennom det åpne vinduet på rommet mitt kunne jeg se den vakre byen Alexandria i all dens vakre herlighet. Forbi byen og ut til havs, et høyt fyrtårn på øyen Pharo ledet de mange skipene som kom inn i havnen. Fyrtårnet var laget av hvit marmor. Den var en hundred og femti meter høy. Seilere hevdet de kunne se den stående der fra femti kilometers avstand. Synet av denne flotte byen med dens brede aveny og flotte bygninger tok pusten min vekk. Dette var byen som Alexander den Store hadde bygget og nå var den min!

Jeg måtte klype meg selv i et øyeblikk bare til a klarne hodet mitt. Alt hadde skjedd så raskt og nå på en alder av bare atten år hadde jeg blitt dronning, den store Farao av Egypt. Plutselig ble tankene mine forstyrret av lyden av bevegelser ved døren på rommet mitt. Tjenerne mine hadde kommet.

De var her for å kle meg i mine nye plagg som erkjenner min farao-status. Når jeg la merke til noe lysfarget stoff i klesartiklene, minnet tjenestepikene meg raskt på min nye stillling. «Bare vanlige kvinner bruker hvitt, min dronning. Du skal ha på deg en chiton, i det fineste av gresk lin, brodert på kantene og farget i lyse levende farger. Kjolen din vil bli strammet in ved midjen med et belte laget av lær og utsmykket med juveler». Den lyse chitonen var en sydd kjole.

Den var mer formell en togaene brukt av begge tjenerne mine. Togaene var enkelt viklet rundt kroppene deres og knyttet ved skulderen.

Den unge jenten som snakket stoppet plutselig, bøyde seg litt og bakket opp noen steg ut av respekt til hennes dronning. «Tilgi meg, min høyhet, for all skravlingen min», sa hun.

Hennes navn var Tibby. Vi hadde vært bestevenner siden vi var småjenter. Men nå, med min plutselig nye status, hadde vårt vennskap blitt mye mer formell. Jeg savnet de gamle dagene da vi kunne le, løpe og fnise uten noen bekymringer. Jeg husket hvordan vi pleide å erte slavegutten som var min personlig smaker. Det var hans jobb å spise biter av maten min før jeg gjorde det, til å være sikker at den ikke var forgiftet. Han var en veldig søt gutt. Tibby pleide å si at smakeren av maten min var ganske nydelig selv! Noen ganger, når han kom inn, kollapset vi i et anfall av latter.

Etter Tibby og den andre jenten dro vendte jeg mine tanker til min nye stilling. Livet var ikke lenger fylt med lange ettermiddags-melkebad mens utstrakt i et luksuriøst marmorkar. Å flørte med kjekke smakergutter var kjempemorsomt men nå...Jeg hadde arvet tronen fra min far, Ptolemy XII. Jeg var knapt en tenåring og, som om jeg ikke hadde nok å bekymre meg om, jeg hadde blitt gitt den store jobben å styre landet mitt. Enda verre, jeg måtte gjøre det med hjelp fra min ti år gammel bror! Hans navn var Ptolemy XIII. La meg gjøre det helt klart fra begynnelsen av at vi to kom ikke godt overens selv om det var forventet av oss å virke som vi gjorde det. Sannheten er at bare synet av ham fikk huden min til å krype. Jeg vet ikke hvor mange gange jeg tok ham på rommet mitt mens han gikk gjennom tingene mine. «Kom deg ut av rommet mitt, Ptolemy!», var det jeg skrek.

Så...nå hadde broren min blitt ett enda større problem. Han var ikke lenger bare min bror, 'plagen'. Ptolemy ville nå ha den jobben vi delte, helt til ham selv. Jeg mistenkte at hans slemme foresatte sto bak denne dårlige ideen. Denne nye trusselen var seriøs og Ptolemy hadde hans egen hær til å få det til å skje! Så nå sto jeg foran mitt første virkelige store problem som farao. Hvordan burde jeg takle min plagsomme bror og denne trusselen til min makt?

Og nå, ett år senere, hadde alt blitt verre. Min bror hadde vunnet den første runden og jeg levde i eksil vekk fra min kjære Alexandria. I går, kom Tibby tilbake fra markedet med nyheter om en ny mann i nabolaget. Ikke bare var han kjekk, «drømmete», sa hun, han hadde også en hær. «Han kjørte den største og raskeste stridsvognen jeg noen gang har sett», erklærte Tibby, «og det romerske brystskjoldet han bar var så imponerende!»

Det var Julius Caesar og her var han, parkert rett ved trappen min! Kunne det ble bedre en dette? Jeg trengte en alliert og ut fra ingensted, hadde han vist seg.

Sakte begynte en plan å formere seg. Jeg trengte å få kontakt med denne Julius Caesar uten å bli sett. Tibby ble sendt tilbake til markedsplassen for å samle informasjon. Hun fant en teppeselger som handlet med romerne. For noen mynter var han villig til å gjøre en meget spesiell levering.

Så det var slik jeg kom til å være humpende av gårde i en ukomfortabel vogn, innpakket i et ullteppe. Når vi endelig kom frem til leiren til Julius Caesar kunne jeg høre soldatene hans snakke høyt mens de fjernet artiklene fra vognen. Innen minutter følte jeg teppet bevege seg mens jeg ble løftet og båret inn til teltet til den store romerske lederen. Når teppet ble droppet på gulvet og utrullet holdt jeg pusten min.

Jeg visste at det som kom nå ville forandre mitt livskurs. Ville han like meg? Ville jeg like ham? Ville vi kombinere krefter slik jeg hadde planlagt? Plutselig så så jeg opp på ham; en sterk og kjekk soldat. Øynene våres låste seg og øyeblikkelig visste jeg at sammen, Julius Caesar og jeg, ville Kleopatra VII lage histore!

Historien om Kleopatra, av Julius Caesar

Som en ung mann som vokste opp i gamle Roma oppdaget jeg raskt misnøyen vanlige folk følte for nobiliteten, som meg. De hånlige flirene og skulende blikkene på ansiktene til folk var synlig overalt jeg gikk. Jeg husker at jeg gikk i markedet en dag og overhørte en samtale mellom to kjøpmenn, de fortalte vitser til hverandre.

«Hva har VI hjul og flyr?», sa den første kjøpmannen. «Søppelvognen», ropte han og de lo langt og hardt. «Hvem kom etter den første konsulen?», spøkte den andre kjøpmannen. Den andre så blankt og sa ingenting. «Den andre», sa han svarende til hans eget spørsmål og med det, rullet begge mennene med øynene og trakk på skuldrene.

Det var klart at det var ingen tapt kjærlighet for de store lederne av landet vårt. Hvert år utpekte senatet to nye konsuler til å lede landet. To ble valgt slik at ingen enkel person skulle ha for mye makt. Alle senatorer og konsuler var fra adelsfamiliene av Roma.

Det var denne typen mistillit som fulgte meg gjennom mitt unge liv. Landet var i et stort rot og, selvsagt, familier slik som mine ble klandret for alle feilene og problemene. Men lite visste noen på den tid at jeg, Julius Caesar, ville en dag løse landets trøbler. Ikke før lenge ville jeg plukke opp et sverd, melde meg inn i hæren og til slutt etablere et militært diktatur. Men det var i fremtiden og jeg hadde en lang vei å reise og slag å kjempe før det kunne skje. Som en ung soldat, kom jeg, så jeg og erobret jeg mange områder av Asia og Midtøsten. Mine hærer sloss hardt og tappert. Det romerske imperiet vokste i hopp og sprang på grunn av min innsats. Jeg nøt de dagene på slagmarken og husket dem som noen av de beste dagene i mitt liv!

Etter en lang dag på slagmarken spiste soldatene som var under min kommando og slappet av. Matrasjonene til våre romerske soldater var alltid nøye planlagt. Rasjoner konsisterte primært av korn; nemlig mais, hvete og bygg. Kornene ble malt og brukt til å lage brød, grøt og pasta. Kjøtt var vanligvis bacon og den var saltet til å bevare den. Vi hadde også ost og vin til vår benyttelse. Vinen var, så klart, alltid utvannet. Soldatene hadde nok til å holde dem klar for kamp, men noen ganger lengtet de etter bakverk. «Vi kan ikke leve på brød alene», klaget soldatene ofte. «Vi føler at vi blir trent for Olympiaden.»

Jeg, så klart, ignorerte deres bønner fordi jeg visste bedre. Et sunt kosthold betydde en sterkere soldat og et lengre liv. Et langt liv, jeg kan tilføye, som de kan bruke til å samle en god pensjon.

En kveld, år senere, fant jeg meg selv i landet til Egypt.
Denne kvelden var varm og klissete, ganske lik alle de andre kveldene siden min ankomst. Slagene våre hadde blitt kjempet og vunnet. «Det er på tide å komme oss ut herfra og tilbake til Roma», tenkte jeg til meg selv. Jeg var lei av å bare henge rundt og var klar for noen form for handling. Men, jeg var også bekymret for min mangel på penger. Hæren begynte å bli rastløs og jeg visste at jeg måtte betale soldatene mine de myntene jeg skyldte dem snart. Den siste kampanjen mot Pompey hadde vært dyr. Vi måtte jage Pompey ut av Roma og hele veien til Egypt. Nå var krigskisten min, før overflommende, nesten helt tom.

«Bah!», sa jeg høyt og skremte soldatene som hadde nettopp kommet inn i teltet. De bar et støvete opprullet teppe. «Hva er dette?», ropte jeg. Mitt humør var mørkt og tankene mine var om å pakke sammen og dra. Enda et teppe i teltet var latterlig. Jeg så deprimert på, mens teppet ble droppet på gulvet og rulllet ut. Nok med dette tullet! Hvem som er ansvarlig kommer til å ha noe forklaring å gjøre!
Men da droppet kjeven min mens jeg så hva som rullet seg ut av teppet. En vakker kvinne! Hun landet ved mine føtter og så

uskyldig opp inn i mine øyne. Våre blikk låste seg og for en stund, lot tiden til å stå stille.

Jeg visste øyeblikkelig at dette var ingen vanlig slavepike. Hun hadde på seg de lysfarget klærne reservert kun de rike egyptiske damene til mektige familier. Et amulett i gull sirklet rundt overarmen hennes og beltet hennes var utsmykket med juveler i mange farger. Det var Kleopatra, den utviste dronningen av Egypt. Plutselig forvandlet enda en kjedelig kveld i et fremmed land til en natt av endeløse muligheter. Humøret mitt forandret seg øyeblikkelig. Jeg kom, jeg så, jeg erobret, skulle til å få en ny mening! Men nøyaktig hvem erobret hvem, tenkte jeg, mens natten av romantikk begynte å blomstre. Det faktum at Kleopatra hadde penger var interressant for meg og som det viste seg var hæren jeg kommanderte av stor interresse for Kleopatra og planene hennes. Mens vi låste øyner, tok vi seriøst mål av hverandre. De neste ukene ville bli meget underholdende og givende.

Jeg følte meg som en keiser når vi gikk inn i byen Alexandria med Kleopatra ved min side. Vi sto høyt i min store romerske stridsvogn og var et imponerende par. I dag hadde hun på seg en hodepryd så flott at hun så ut som gudinnen Isis. Det var klart at folket hennes beundret henne.

I de siste par ukene hadde jeg lært mye om denne unge spenstige dronningen. Mens mesteparten av de store familiene i Egypt snakket kun gresk, hadde Kleopatra valgt å lære egyptisk, det vanlige språket til folket hun hersket over. Hun var en mektig farao og jeg var stolt av å bruke min hær til å få henne tilbake til Alexandria der hun tilhørte. Slaget med hennes bror, Ptolemy XIII hadde vært voldsom men hans nederlag hadde vært total. Jeg kunne fortsatt see ham løpe vekk fra mine hærstyrker med halen mellom bena, aldri til å vende tilbake igjen.

Hun vendte seg mot meg, et bredt smil delte leppene hennes og nok en gang ble hun den flørtede jenta som hadde stjålet hjertet mitt bare noen få uker siden. Hennes hånd strakte seg ut og dekket min mens hun hvisket i øret mitt. «Så hva syntes du om din lille dronning nå?», hennes lekefulle smil smeltet hjertet mitt.

Jeg var trist vitende at jeg måtte dele nyhetene snart. Det var på tide for meg å vende tilbake til Roma.

«Dere romere med deres store sverd og raske stridsvogner er ikke de eneste som vet hvordan å temme en folkemengde», sa hun. Hun blunket til å vise meg at hun ertet bare. Jeg bestemte at jeg ville dele nyhetene en annen dag. I dag var for feiring.

Historien om Kleopatra, av Tibby

«De så så lykkelig ut sammen», tenkte jeg, mens stridsvognen som holdt Kleopatra og Julius Caesar kom inn til Alexandria. Folkemengdene som så Kleopatras retur til byen ropte some gale med begeistring. De var tydeligvis henført å ha sin dronning hjemme igjen.

Men, jeg kunne ikke hjelpe å spørre hvor lenge denne lykken ville vare. Jeg hadde hørt rykter i det siste at Caesar forberedte sin hær for en rask avreise tilbake til Roma. Du kunne ikke klandre meg for å lure på hvordan dette ville påvirke meg personlig. Ville Kleopatra og hele hennes palasshushold reise med ham?

Mens jeg bare var Tibby, tjenestepiken, hadde mitt barndoms vennskap med Kleopatra smidd et spesielt bånd mellom oss. Vi hadde blitt de næreste av venner. Bare tiden kunne si hvilken forandringer som kunne vente oss. Jeg kunne ikke hjelpe for å bekymre meg.

Alt hadde skjedd så plutselig. Det virket som bare dager siden, jeg hadde planlagt med min dronning mens hun var fortsatt i eksil. Vi klekket et plan som ville ha den unge faraoen, Kleopatra, levert til den store romerske lederen, innrullet i et teppe! Planen hadde vært suksessfull og nå her var vi alle trygt tilbake i Alexandria.

«Hva tenker du på», hvisket en stemme i mitt øre. Jeg snudde meg for å se på den kjekke romerske soldaten som stå ved min side.
Hans navn var Titus. Titus og jeg hadde møtt bare noen korte uker siden i leiren til Julius Caesar's store hær. Øyeblikkelig tiltrukket til hverandre, vi hadde blitt nesten uskillbar.

Jeg elsket buen av hans musklede armer og han så så kjekk ut i rustningen til den romerske legionær. Jeg kunne ikke motstå en mann i uniform og hvis sant skal sies, minte Titus meg om min egen far. Min far hadde vært en soldat i den egyptiske hæren; en berømt vognfører som hadde tjent respekten til det egyptiske folk.

Både fryktet og respektert, Egypts vognførere var hedrete borgere. Et par sterke hester trent til krig, ville dra en stridsvogn som bærte to modige soldater. Mens en kjørte stridsvognen, sloss den andre, vanligvis med spyd eller pil og bue. Egyptiske soldater var flotte skudd. De kunne treffe et mål opp til 600 fot unna.

Når jeg var bare en liten jente, boende på familiegården, husker jeg at jeg satt ved mitt fars kne og hørte hans fortellinger om slag kjempet og vunnet. Min far hadde blitt gitt et stykke jord av faraoen, Ptolemy XII. Gaven var betaling for hans år i tjeneste ved slutten på hans militære karriere. Det var på denne jorden at jeg ble født og hvor jeg tilbrakte de tidligere årene av mitt liv.

Fra taket av familiehytten kunne vi se den mektige Nil-elven strømme forbi i avstanden. Den mørke rike jorden ved breddene på elven ga fruktbar jord for mine fars avlinger. Når varme sommernetter ble uutholdelige, klatret hele min familie opp på taket for å sove i den kjølige nattluften.

Jeg husker at jeg stirret opp i midnatt himmelen, satt på fyr av blinkende stjerner som så ut som diamanter.
Satt ved siden av meg, min far pleide å si, «Hvis jeg kunne Tibby, ville jeg samle de diamantene og lage deg en hodepryd så flott at til og med Isis selv ville være misunnelig!». Et pår år senere ville jeg huske ordene hans, men de ville gi meg ingen trøst. Et forespørsel hadde kommet fra selveste faraoen, Ptolemy XII. Han ville ha en ledsager for hans unge datter, Kleopatra. Jeg hadde blit utvalgt og på den unge alderen av bare VI, var jeg av gårde til palasset i Alexandria. Uten tvil

tenkte min far at komfortene av palasslivet, ville gi meg sikkerheten som han kunne ikke gi.

Mine første dager i palasset var fylt med tårer, men snart vant Kleopatras lette sinn meg over. Vi ble bestevenner. Noen ganger ved midnatt snek vi oss ned til palassets store kjøkkener for å stjele søtbrød og honning. Mer enn en gang ble vi tatt med hakene og fingertuppene våres tildekt med jusen av modne fiken. De bekymringsfrie dagene var fylt med letthjertet moro og eventyr.

Mengden rundt meg begynte å slå seg opp. Det ville bli en travel dag i palasset. Jeg trengte å se til de mange oppgavene før kveldens festmåltid begynte. Nysgjerrige øyner så på mens jeg sa adjø til Titus og vinket mens han forsvant bak hjørnet. Alexandria-folket var spent for å ha deres favoritt farao tilbake hjemme, men var engstelig at så mange romerske soldater var til stede i hjertet av Egypt.

Jeg visste at deres frykter snart ville forsvinne. Kleopatra forstod godt behovene til hennes folk. Hun hadde giftet seg med Caesar med betydelige midler for hans støtte. I retur, Caesar hadde fylt lommene til hans trofaste soldater med mynter. Nå ville disse samme soldatene bruke myntene sine her mens de forberedte seg for reisen tilbake til Roma. Så sant, alle ville tjene på denne nye alliansen.

Dagen jeg grudde hadde endelig kommet. Lange kolonner med romerske legionærer hadde begynt deres marsj ut av Alexandria tidligere på morgenen. Ved midten av dagen hadde de siste av soldatene gått ut gjennom byportene. Et forsyningstog av vogner og deres hester var oppført å dra senere på kvelden. Jeg hadde sett paraden med soldater fra et palass vindu.

Titus, min elskede, hadde vært en av de første til å dra fra Alexandria. Vårt møte i går natt ved hagene inni palassmurene hadde vært så fryktelig trist men forventet. Titus var en tillitsfull og verdsatt soldat av Caesars og jeg var ikke

53

noe mer enn en tjener av min dronning. Ingen av oss hadde noe valg. Vi hadde en plikt til å tjene hver vår leder trofast og uten spørsmål. Akkurat mens den tanken passerte en annen, enda større en, okkuperte hjertet mitt.

Jeg var plutselig fylt med en ny iver. Jeg pilte fra rommet på jakt etter min dronning. Jeg fant henne endelig på vei inn til biblioteket. Jeg bøyde meg raskt og da beljet ut: «Kleopatra, min droning, kan jeg prate med deg om et tema nært mitt hjerte?». Dronningen samtykket og ga tegn for meg å ble med henne i rommet. «Hva vil du prate om, min kjære venn», den store faraoen spurte. «Vennskap,», sa jeg.

I den neste timen pratet vi to i rommet. Min dronning hørte etter mens jeg snakket fort. Jeg gikk ut av rommet senere med et smil, strålende på fjeset mitt fra øre til øre. Mens vi skiltes, smålo Kleopatra og sa da noe: «Caesar er en stor kriger, men han har også en stor sans for humor». Hun avsluttet setningen med et blunk og gikk ut av rommet.

Den natten mens det romerske forsyningstoget rullet ut av Alexandria, kunne et dempet latter høres fra den tredje vognen i prosesjonen. Den var vognen som bærte innredningen til teltene til Caesar og hans mest tillitsvalgte soldater!

Historien om Kleopatra, av Ebek

Min dronning Kleopatra og hennes tjenestepike Tibby hadde god grunn til å være trist mens romerne marsjerte ut av Alexandria den morgenen. Så jeg var overrasket å se at de begge fniste som ungjenter utenfor biblioteket. Jeg hadde kjent disse to siden barndommen og jeg kunne se at Kleopatra og Tibby pønsket på noe. «Ebek», Kleopatra kalte meg over. «Jeg vil at du skal bli med Tibby og hjelpe samle hennes saker». Jeg fulgte Tibby gjennom palasset og ned baktrappene til første-etasjen hvor hun hadde en liten suite med rom. Tibby var en vel likt tjener og Kleopatra hadde gitt henne en komfortabel plass å kalle hennes eget. Jeg lurte til meg selv hvor Tibby kunne vær på vei til?

Hun valgte å pakke bare noen få av hennes prisede eiendeler og til klær, tok hun bare det hun hadde på seg. Vel, hva enn Tibby pønsket på så reiste hun tydeligvis lett! Snart var det tid til å si adjø. Jeg var glad i henne og ønsket henne en trygg reise.

Siden jeg var en slave delte jeg kun et enkelt rom med min mor. Vårt rom var enkel i dens design. Ikke fullt så innbydende som Tibbys suite med rom, men det var hjemme. Jeg var heldig som ble født i palasset og en dag, ville både jeg og min mor tjene vår frihet.

Min mor var palass-artisten og hennes talent og ferdigheter var prisbelønt utover hele Egypt. Mors jobb var å skape store malerier på veggene gjennom hele palasset. Palasset var stort og min stakkars mor hadde jobbet i årevis med å male et stor mesterverk etter et annet til å tilfredstille øynene til faraoen og hans familie.

Ptolemy XII, Kleopatras far hadde gitt oss dette løftet; når min mor hadde blitt ferdig med de siste av disse maleriene, ville han gi oss begge vår frihet. Hun arbeidet med det siste maleriet nå. De rike familiene av Alexandria spurte allerede etter henne vitende at snart ville hun bli fri. Både min mor og jeg ville vær komfortabel når våre plikter ved palasset tok slutt.

For meg, hadde jeg to veldig spesielle jobber i husholdet til Kleopatra. Den viktigste oppgaven jeg utførte var som den kongelige smakeren av faraoens mat. Jeg så på kokkene mens de kokte og hjalp med forberedelsene når det trengtes. Så snart matforberedelsene var ferdig ville jeg gi spesiell oppmerksomhet til fatet til dronningen. Det var min oppgave å ha en smak av hver matbit på fatet. Hvis maten var forgiftet var det jeg som ville lide konsekvensene.

Nå virker dette som en farlig jobb men i realiteten var det lite risiko til helsen min. Det var ingen, i hele Egypt som var bedre beskyttet enn vår store farao. All mat var inspisert mens det kom inn palassportene og de ansatte i kjøkkenet var passet nøye på av soldatene som var tildelt kjøkkentjeneste. Faktiskt, så jeg på min jobb som smaker som en god jobb. Jeg spiste bare det beste av mat og mitt kosthold var mye bedre enn de rikeste kjøpmenn!

Når jeg ikke smakte på maten til faraoen, var jeg ved min mors side. Jeg hadde oppgaven med å mikse all malingen hun brukte til å skape hennes vakre malerier. Jeg brukte en mørtel og stampel til å lage pigmentene som skapte de spennende fargene min mor var berømt for.

Mørtelet er en tung skål laget ut av stein og stampelet er et avrundet knuseredskap som passer lett i knyttneven min. Jeg kverner stykker av edelstener, plante fibrer og andre gjenstander inntil de blir til et pulver. De forskjellige pulverene, kalt pigmenter ble da brukt til å skape vakre farger min mor brukte til å male hennes veggmalerier. Oppskriftene som ble brukt til å lage malingen var en familie hemmelighet og ble forsiktig voktet. Disse oppskriftene og min mors talent ville til slutt skape et trygt liv for oss og min framtidig familie.

Et par måneder etter at Tibby forlot palasset, var det kongelig kjøkken i fullt oppstyr. Det var rapportert at dronningen hadde vært syk hver morgen i den siste uken! Jeg var forskrekket. Alle øyne så på meg og jeg var beskyld for å ikke gjøre jobben min skikkelig. Ingen hadde dødd men å være så syk kunne bare bety en ting. Dronningen ble sakte forgiftet og hennes kongelige smaker sviktet stygt i hans jobb.

Jeg kunne ikke forstå det. Jeg tok min jobb veldig seriøst. Når jeg jobbet i kjøkkenet og hjalp kokkene ga jeg mye oppmerksomhet til detaljene. Min dronnings velbehag var alltid min første prioritet. Jeg begynte å bli redd for meg selv og min mor. En forgiftet Kleopatra kunne skape problemer for vår lovte frihet. Det endelige utfallet kunne bli langt verre!
Mine engstelser ble snart lagt til ro. Rart nok, det var min syke dronning som skulle gi meg mye etterlengtet trygghet. Mange dager etter alt trøbbelet begynte, kom en veldig blek dronning gående inn til kjøkkenet. Hun så ut som om hun hadde slept seg selv ut av sengen. Håret hennes var et totalt rot og huden hennes var hvit som kalk. Både kokkene og jeg tok et steg tilbake i skrekk mens hun snakket.

«Unnskyld meg, mine kjære tjenere, men deres dronning er sulten etter en sylteagurk». «En sylteagurk», spurte sjefskokken? «Ja», sa dronningen, «og hvis det er ingen sylteagurker i palasskjøkkenet, vil iskrem holde.»

Mens kokkene ilte rundt kjøkkenet etter dronningens forespørsler, følte jeg en voksende lettelse. Jeg måtte snakke med min mor ettersom hun hadde mer erfaring med slike saker, men noe fortalte meg, at mysteriet med faraoen sin sykdom snart ville løses. Dronningen, jeg trodde var med barn. Kleopatra skulle ha en baby!

Mine mistanker ble bevist sant. I god tid min dronning, Kleopatra VII, fødte en prins; en gutt som senere ble navnet Caesarion. Faren var så klart, den store Julius Caesar. Caesarion sin fødsel kom samme dagen som min mor ble ferdig med det svære maleriet i storsalen. Som lovet, både min mor og jeg ble befridd fra vårt slaveri og fikk lov å forlate palasset.

The Life of Cleopatra

The road to Julius Caesar's camp was rough and full of potholes. I was bouncing around in the back of the wagon like a bag full of rags. How in the world could the Queen of Egypt, ruler of the most advanced civilisation of our times, find herself in such a fix? Here I was, wrapped up in a Persian rug, packed in tightly between bags of grain, a crate of vegetables and a dozen cages of cackling hens. How exactly had it come to this? I closed my eyes for a moment and let my mind drift back to better times.

Through the open window of my room I could see the beautiful city of Alexandria in all its splendid glory. Beyond the city and out to sea a tall lighthouse on the island of Pharo guided the many ships that entered our harbour. The lighthouse was made of white marble. It was one hundred and fifty meters high. Sailors claimed they could see it standing there from fifty kilometres away. The view of this great city with its wide avenues and grand buildings took my breath away. This was the city that Alexander the Great had built and now it was mine!

I had to pinch myself for a moment just to clear my head. It had happened all so quickly and now at only eighteen years of age, I had become the Queen, the great Pharaoh of Egypt. Suddenly my thoughts were interrupted by the sound of movement at the door of my room. My servants had arrived.

They were here to dress me in my new garments befitting my Pharaoh status. When I noticed brightly coloured fabric among the clothing items, the servant girls quickly reminded me of my new position. "Only common women wear white, my Queen. You will be wearing a chiton, in the finest of Greek linens, embroidered on its edges and dyed in bright vibrant colours. Your dress will be pulled in at the waist with a belt made from leather and studded with jewels". The bright chiton was a stitched dress. It was more formal than the togas worn by both my servants. The togas simply wrapped around their bodies and tied at the shoulder.

The young girl who had been talking suddenly stopped, bowed slightly and backed up a few steps out of respect to her Queen. "Forgive me, my Highness, for all my chatter," she said.

Her name was Tibby. We had been best friends since we were little girls. But now, with my sudden new status, our friendship had become much more formal. I missed the old days when we could laugh, run and giggle without any worries. I remembered how we used to tease the slave boy who was my personal taster. It was his job to eat bits of my food before I did, to make sure that it wasn't poisoned. He was a very cute boy. Tibby used to say that the taster of my food was quite delicious himself! Sometimes, when he would enter, we would break down in a fit of laughter.

After Tibby and the other girl left I turned my thoughts to my new position. Life was no longer filled with long afternoon milk baths while stretched out in a luxurious marble tub. Flirting with yummy taster boys was great fun but now ... I had inherited the throne from my father, Ptolemy XII. I was barely a teenager and, as if I didn't already have enough to worry about, I had been given the big job of ruling my country. Even worse, I had to do it with the help of my ten year old brother! His name was Ptolemy XIII. Let me make it perfectly clear from the start that the two of us did not get along although we were expected to appear like we did. The truth is the very sight of him made my skin crawl. I don't know how many times I caught him in my room going through my things. "Get out of my room, Ptolemy!" I'd scream.

So ... now my brother had become an even bigger problem. He no longer was simply my brother, "the nuisance". Ptolemy now wanted the job we shared, all to himself. I suspected his mean guardians were behind this bad idea. This new threat was serious and Ptolemy had his very own army to make it happen! So now I was faced with my first really big problem as Pharaoh. How should I deal with my bratty brother and this threat to my power?

And now, a year later, it had all gotten worse. My brother had won the first round and I was living in exile away from my beloved Alexandria. Yesterday, Tibby arrived back from the market with news of a new man in the neighbourhood. Not only was he handsome, "dreamy," she said, he also had an army. "He was driving the biggest and fastest chariot I've ever seen" Tibby announced, "and that Roman chest-plate he wore was so impressive!"

It was Julius Caesar and here he was, camped right on my doorstep! Could it get better than this? I needed an ally and out of nowhere, he had appeared.

Slowly a plan began to take form. I needed to make contact with this Julius Caesar without being seen. Tibby was sent back to the market place to gather information. She found a carpet dealer who dealt with the Romans. For a few coins he was willing to make a very special delivery.

So that is how I came to be bumping along in an uncomfortable cart, wrapped up in a wool rug. When we finally reached the camp of Julius Caesar I could hear his soldiers talking loudly as they removed the items from the cart. Within minutes I felt the rug move as I was lifted and carried into the tent of the great Roman leader. As the rug was dropped to the ground and unrolled I held my breath.

I knew what came next would change the course of my life. Would he like me? Would I like him? Would we join forces as I had planned? Suddenly I was looking up at him; a strong and handsome soldier. Our eyes locked and instantly I knew that together, Julius Caesar and I, Cleopatra VII would make history!

The Story of Cleopatra, by Julius Caesar

As a young man growing up in ancient Rome I quickly discovered the dislike the common people felt for the nobility, like me. The sneers and the scowls on people's faces were everywhere I went. I remember walking in the market one day and overhearing a conversation between two merchants. They were telling each other jokes.

"What has VI wheels and flies?," said the first merchant. "The garbage cart," he shouted and they laughed long and hard. "Who came after the first Consul?" joked the second merchant. The other simply looked blank and said nothing. "The second one," he said answering his own question and with that, both men rolled their eyes and shrugged.

It was clear there was no love lost for the great leaders of our country. Every year the senate appointed two new Consuls to lead the country. Two were chosen so that no single person would have too much power. All Senators and Consuls were from the noble families of Rome.

It was this type of mistrust that followed me throughout my young life. The country was in a big mess and, of course, families like mine were blamed for all the mistakes and troubles. But little did anyone know at the time, that I, Julius Caesar, would one day solve the country's troubles. Before too long, I would pick up a sword, join the army and eventually establish a military dictatorship. But that was in the future and I had a long way to go and battles to fight before that would come to pass. As a young soldier, I came, I saw and I conquered many areas of Asia and the Middle East. My armies fought hard and valiantly. The Roman Empire grew in leaps and bounds because of my efforts. I relished those days on the battlefield and remembered them as being some of the best days in my life!

After a long day on the battlefield the soldiers under my command would eat and relax. The food rations for our Roman soldiers were always well planned. Rations consisted primarily of grains; namely corn, wheat and barley. The grains were ground and used to make breads, porridge and pastas. Meat was usually bacon and it was salted to keep it preserved. We also had cheese and wine at our disposal. The wine was always watered down of course. The soldiers had enough to keep them fit for battle, but sometimes they longed for pastry. "We cannot live on bread alone," the soldiers would often complain. "We feel we are being trained for the Olympics."

I, of course, ignored their pleas because I knew better. A healthy diet meant a stronger soldier and a longer life. A long life, I might add, in which to collect their good pensions.

One evening, years later, I found myself in the land of Egypt. This particular evening was hot and sticky, much like every other night since my arrival. Our battles had been fought and won. "It's time to get out of here and back to Rome," I thought to myself. I was tired of just hanging out and was ready for some kind of action. But, I was also worried about my lack of money. The army was getting restless and I knew I would have to pay my soldiers the coins I owed them soon. This last campaign against Pompey had been expensive. We had to chase Pompey out of Rome and all the way into Egypt. Now my war chest, once overflowing, was almost completely empty.

"Bah!" I said aloud startling the soldiers that had just entered the tent. They were carrying a dusty rolled up carpet. "What's this?" I bellowed. My mood was dark and my thoughts were about packing up and leaving. Another carpet in the tent was ridiculous! I looked depressed, as the rug was dropped to the ground and unrolled. Enough of this nonsense! Whoever was responsible would have some explaining to do!

63

But then my jaw dropped as I saw what unrolled out of the carpet. A beautiful woman! She landed at my feet and looked up innocently into my eyes. Our gaze locked and for a moment, time seemed to stand still.

I knew instantly that this was no ordinary slave girl. She was dressed in the brightly coloured clothes reserved only for the wealthy Egyptian women of powerful families. An amulet of gold encircled her upper arm and her belt was studded with jewels of many colours. It was Cleopatra, the exiled Queen of Egypt.

Suddenly another boring evening in a foreign land transformed itself into a night of endless possibilities. My mood immediately changed. I came, I saw, I conquered, was about to have a new meaning! But exactly who was conquering who, I thought, as the night of romance began to blossom. The fact that Cleopatra had money was interesting to me and as it turned out the army I commanded was of great interest to Cleopatra and her plans. As we locked eyes, the two of us took serious stock of one another. The next weeks were going to be both entertaining and rewarding.

I felt like an Emperor as we entered the city of Alexandria with Cleopatra at my side. We were standing tall in my great Roman chariot and made an impressive couple. Today she was wearing a head-dress so magnificent she looked like the Goddess Isis. It was clear that her people adored her.

In the past few weeks I had learned a lot about this spunky young queen.

While most of the great families in Egypt spoke only Greek, Cleopatra had chosen to learn Egyptian, the common language of the people she ruled. She was a powerful Pharaoh and I was proud to use my army to get her back into Alexandria where she belonged. The battle with her brother, Ptolemy XIII was fierce but his defeat had been total. I could still see him running away from my armies with his tail between his legs, never to return again.

She turned towards me, a broad smile parting her lips and once again she became the flirty girl that had stolen my heart just a few short weeks ago. Her hand reached over and covered mine as she whispered into my ear. "So what do you think of your little queen now?" her playful smile melted my heart.

I was saddened knowing I would have to break the news soon. It was time for me to be getting back to Rome.

"You Romans with your big swords and fast chariots aren't the only ones who know how to tame a crowd," she said. She winked to show me she was just teasing. I decided I would break the news on another day. Today was for celebration.

The Story of Cleopatra, by Tibby

"They looked so happy together", I thought, as the chariot holding Cleopatra and Julius Caesar entered Alexandria. The crowds of people who watched Cleopatra's return to the city were cheering madly with excitement. They were clearly thrilled to have their Queen home again.

However, I couldn't help questioning how long this happiness would last. I had heard rumours recently that Caesar was preparing his army for a quick departure back to Rome. You couldn't blame me for wondering how this would affect me personally. Would Cleopatra and her entire palace household be leaving with him?

While I was only Tibby, the servant girl, my childhood friendship with Cleopatra had forged a special bond between us. We had become the closest of friends. Only time would tell what changes might be in store for us. I couldn't help but worry

Everything had happened so quickly. It seemed just days ago, I had been planning with my Queen while she was still in exile. We hatched a plan that would have the young Pharaoh, Cleopatra, delivered to the great Roman leader, rolled up in a carpet! The plan had been successful and now here we all were safely back in Alexandria.

"What are you thinking about Tibby", whispered a voice in my ear. I turned to look at the handsome Roman soldier standing by my side.
His name was Titus. Titus and I had met only a short few weeks ago at the campsite of Julius Caesar's great army. Instantly drawn to each other, we had become almost inseparable.

I loved the curve of his muscled arms and he looked so handsome in the armour of the Roman Legionnaire. I couldn't resist a man in uniform and if the truth were told, Titus reminded me of my own father. My father had been a soldier in the Egyptian army; a famous charioteer who had earned the respect of the Egyptian people.

Both feared and respected, Egypt's charioteers were honoured citizens. A pair of strong horses trained for war, would pull a chariot carrying two brave soldiers. While one drove the chariot, the second would fight, usually with a spear or bow and arrow. Egyptian soldiers were great marksmen. They could hit a target up to 600 feet away.

When I was just a little girl, living on the family farm, I remember sitting at my father's knee listening to his tales of battles fought and won. My father had been given a plot of land by the Pharaoh, Ptolemy XII. The gift was payment for his years of service at the end of his military career. It was on this land that I was born and where I spent the earlier years of my life.

From the roof of the family hut we could see the great Nile River flowing by in the distance. The dark rich soil on the banks of this river provided fertile ground for my father's crops. When hot summer nights became unbearable my whole family would climb up onto the rooftop to sleep in the cool night air.

I remember staring up into the midnight sky, ablaze with twinkling stars that looked like diamonds.
Sitting next to me, my father would say, "If I could Tibby, I would gather those diamonds and make you a headdress so dazzling that even Isis herself would be envious!". A few years later I would remember his words, but they would give me no comfort. A request had come from the Great Pharaoh himself, Ptolemy XII. He wanted a companion for his young daughter, Cleopatra. I had been chosen and at the tender age of only VI, I was sent off to the palace in Alexandria. No doubt my father

thought that the comforts of palace life, would give me the security that he was unable to provide.

My first days in the palace were filled with tears, but soon Cleopatra's gentle humour won me over. We became best friends. Sometimes at midnight we would tip-toe down into the palace's great kitchens to steal sweetened breads and honey. More than once we were caught with our chins and fingertips covered with the juice of ripened figs. Those care-free days were filled with light-hearted fun and adventure.

The crowd around me began to break up. It would be a busy day in the palace. I needed to attend to many jobs before the evening feast began. Curious eyes watched as I said good-bye to Titus and waved as he disappeared around the corner. The people of Alexandria were excited to have their favourite Pharaoh back at home, but were anxious about the presence of so many Roman troops in the heart of Egypt.

I knew their fears would soon disappear. Cleopatra understood well the needs of her people. She had gifted Caesar with significant funds for his support. In turn, Caesar had filled the pockets of his faithful soldiers with coins. Now these same soldiers would be spending their coins here as they prepared for their journey back to Rome. Indeed, everyone would profit from this new alliance.

The day I was dreading had finally arrived. Long columns of Roman legionnaires had begun their march out of Alexandria earlier in the morning. By mid-day the last of the soldiers were exiting through the gates of the city. A supply train of carts and their horses were slated to leave later in the evening. I had been watching the parade of soldiers from a palace window.

Titus, my love, had been one of the first to leave Alexandria. Our meeting last night at the gardens inside the palace walls had been so terribly sad and yet expected. Titus was a favoured and trusted soldier of Caesar's and I was nothing more than a servant to my Queen. Neither of us had a choice.

We had a duty to serve each of our leaders faithfully and without question. Just as the thought passed another, even greater one, occupied my heart.

I was suddenly filled with a new excitement. I scurried from the room in search of my Queen. I finally found her entering the library. I bowed quickly and then blurted out, "Cleopatra, my Queen, may I speak with you on a subject dear to my heart?" The Queen agreed and motioned for me to join her in the room. "What would you like to talk about, my dear friend," the great Pharaoh asked. "Friendship," I said.

For the next hour the two of us talked in the room. My Queen listened, as I spoke quickly. I walked out of the room later with a smile, beaming on my face from ear to ear. As we parted, Cleopatra chuckled and then spoke. "Caesar is a great warrior, but he also has a great sense of humour". She ended the sentence with a wink and left the room.

That night as the Roman supply train rolled out of Alexandria, a muffled laugh could be heard from the third cart in the procession. It was the cart that carried furnishings for the tents of Caesar and his most trusted soldiers!

The Story of Cleopatra, by Ebek

My Queen Cleopatra and her servant girl Tibby had good reason to be sad as the Romans marched out of Alexandria that morning. So I was surprised to see them both giggling like young girls outside of the library. I had known these two since childhood and I could tell Cleopatra and Tibby were up to something. "Ebek," Cleopatra called me over. "I want you to go with Tibby and help gather her things." I followed Tibby through the palace and down the back stairs to the first floor where she had a small suite of rooms. Tibby was a favoured servant and Cleopatra had given her a comfortable place to call her own. I wondered to myself where Tibby could be going?

She chose to pack only a few of her most prized possessions and for clothing, she took only what she was wearing. Well, whatever Tibby was up to she was obviously travelling light! Soon it was time to say good-bye. I was fond of her and wished her a safe journey.

Since I was a slave I shared only a single room with my mother. Our room was very simple in its design. Not quite as inviting as Tibby's suite of rooms, but it was home. I was lucky to have been born here in the palace and someday, both my mother and I would earn our freedom.

My mother was the palace artist and her talent and skills were celebrated throughout Egypt. Mother's job was to create great paintings on the walls throughout the palace. The palace was large and my poor mother had laboured for years painting one masterpiece after another to please the eyes of the Pharaoh and his family.

Ptolemy XII, Cleopatra's father had made us this promise; when my mother finished working on the last of these paintings, he would grant us both our freedom. She was working on the final painting now. The wealthy families of Alexandria were already requesting her services knowing that soon she would be free. Both my mother and I would be comfortable when our duties at the palace came to an end.

As for me, I had two very special jobs in the household of Cleopatra. The most important task I performed was as the royal taster of the Pharaoh's food. I would watch the cooks as they cooked and help with preparation as needed. Once the meal preparation was complete I would pay special attention to the plate of the Queen. It was my job to have a taste from each item on the plate. If the food had been poisoned I would be the one to suffer the consequences.

Now this might seem to be a dangerous job but in reality the risk to my health was minor. There was no one, in all of Egypt that was better protected than our great Pharaoh. All foods were inspected as they came inside the palace gates and the kitchen staff was watched closely by the soldiers that were assigned to kitchen duty. In fact, I considered my job as taster to be a good one. I ate only the best of foods and my diet was much better than the wealthiest of merchants!

When I wasn't tasting the Pharaoh's food, I was at my mother's side. I had the task of mixing all the paints she used when creating her beautiful paintings. I would use a mortar and pestle to make the pigments that created the exciting colours my mother was famous for.

The mortar is a heavy bowl made from stone and the pestle is a round ended crushing tool that fit easily into my fist. I ground chunks of precious stones, plant fibres and other items until they turned into a powder. The different powders, called pigments were then used to create the beautiful colours my mother used to paint her murals. The recipes used for making her paints were a family secret and guarded them carefully. These recipes and my mother's talent would eventually create a secure life for us and for my future family.

A few months after Tibby left the palace, the royal kitchen was in a sudden uproar. The Queen was reported to have been sick every morning for the past week! I was horrified. All eyes were on me and I was accused of not doing my job properly. No one had died but being so terribly sick could mean only one thing. The Queen was being poisoned slowly and her royal taster was failing miserably at his job.

I couldn't understand it. I took my job very seriously. When I worked in the kitchen helping the cooks I paid close attention to detail. My Queen's welfare was always my first priority. I began to fear for myself and my mother. A poisoned Cleopatra could cause problems for our promised freedom. The final outcome could be far worse!

My worries were soon put to rest. Strangely enough, it was my sick Queen who would bring me my much needed comfort. Several days after all the trouble began, a very pale looking Queen walked into the kitchen. She looked as though she had just dragged herself out of bed. Her hair was a total mess and her skin was as white as chalk. Both the cooks and I stepped back in horror as she spoke.

"Excuse me, my dear servants, but your Queen is hungry for a pickle." "A pickle," the head cook asked? "Yes, said the Queen, and if there are no pickles in the palace kitchen, ice cream will do."

While the cooks scurried about the kitchen responding to the Queen's requests, I felt a growing sense of relief. I would have to consult with my mother as she had more experience with these matters, but something told me, the mystery of the Pharaoh's recent illness was about to be solved. The Queen, I believed was with child. Cleopatra was going to have a baby!

My suspicions were proven correct. In good time my Queen, Cleopatra VII, gave birth to a prince; a boy who was later named Caesarion. The father was of course, the great Julius Caesar. The birth of Caesarion came the very same day my mother completed the huge painting in the great hall. As promised both my mother and I were freed from our slavery and permitted to leave the palace.

Printed in Great Britain
by Amazon

68743607R00047